ALBEDRÍO
UNA HISTORIA VERDADERA

N. Guzmán

Reservados todos los derechos. No se permite la reproducción total o parcial de esta obra, ni su incorporación a un sistema informático, ni su transmisión en cualquier forma o por cualquier medio (electrónico, mecánico, fotocopia, grabación u otros) sin autorización previa y por escrito de los titulares del copyright. La infracción de dichos derechos puede constituir un delito contra la propiedad intelectual.

El contenido de esta obra es responsabilidad del autor y no refleja necesariamente las opiniones de la casa editora. Todos los textos e imágenes fueron proporcionados por el autor, quien es el único responsable por los derechos de los mismos.

Publicado por Ibukku
www.ibukku.com
Diseño y maquetación: Índigo Estudio Gráfico
Copyright © 2021 N. Guzmán
N. GUZMÁN-2020
P.O. Box 810129 Carolina, P.R. 00981
09vitral42@gmail.com
Por N. Guzmán 2020. 20-178
ISBN Paperback: 978-1-64086-958-5
ISBN eBook: 978-1-64086-959-2

Índice

Dedicatoria	5
Introducción	7
Mis padres terrenales	11
La niñez	15
La adolescencia	19
Tiempos de juventud	21
El Marqués	23
La vida loca	27
El camionero	29
El muñeco de ébano	31
El golpe fatal	33
El gordo	35
Mi metamorfosis	39
¿	47
El escape	49
Has cambiado mi lamento en baile	55
Albedrío	57
Experiencias espirituales	61
Rescatada	65
El camino del perdón	69
Mi verdad	73
Podemos escoger lo que deseamos ser	75

DEDICATORIA

A esas mujeres que se encuentran presas de la violencia de género y sufren en silencio por ignorancia, por sus hijos, por necesidad o simplemente por amor.

Quiero decirte que hay solución. Sólo tú puedes romper el patrón sicológico que te tiene atada a la violencia.

Sé valiente. Busca ayuda profesional y, sobre todo, la ayuda espiritual.

CON DIOS TODO, SIN DIOS NADA.

Introducción

Este testimonio va dirigido a esas mujeres a las que las circunstancias de la vida marcaron con dolor y amargura. Amaron y no fueron valorizadas y en cambio sufrieron golpes físicos, emocionales y sobre todo, los golpes sicológicos, destruyendo su autoestima y sus valores.

Ha sido escrito sin adornar los pensamientos para que vean en la autora el retrato de sus vidas y cómo estas circunstancias, la llevan a vivir una vida ***"APARENTEMENTE NORMAL"*** mientras se le corrompe el corazón.

Cuando las fuerzas se agotan y tenemos que gritar ***¡BASTA YA!***, entonces tenemos que entrar en una jornada de reprogramación mental que nos traiga paz.

Jesucristo dijo: "Vengan a mí todos ustedes, los agotados de tanto trabajar, que yo los haré descansar". (Mateo 11:28)

Se han obviado algunas etapas por su fuerte contenido que dejamos a la imaginación del lector y por respeto a personas sensibles y a las que amo.

PRIMERA PARTE

Mis padres terrenales

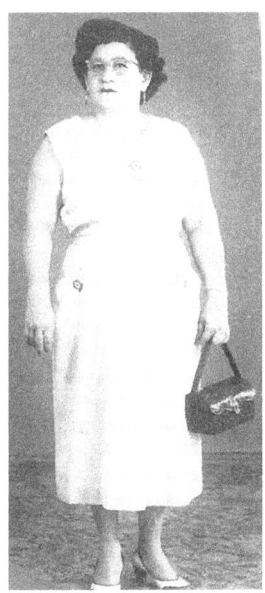 

Vine al plano terrenal en el año 1942. Mis padres tuvieron un matrimonio durante 13 años sin procrear hijos, ya que mi madre tenía problemas de fertilización. Luego de someterse a un tratamiento, llegué a este mundo. Mi madre siempre decía que cuando Dios no le da hijos, uno no debe forzarlo.

Estos mensajes subliminales se marcan en el subconsciente, creando un **SENTIDO DE CULPABILIDAD** que queda archivado para siempre. Nuestra mente es semejante a una computadora, le entras la información, le das al botón de "save" y en el momento que tengas un detonante, se activa un click en "open".

Entre mi madre y yo nunca existió una relación materna "normal", ya que no estuvo presente durante esos primeros años, siendo su hermana mayor quien ocupara su lugar como figura materna.

Doña Juanita, mi madre, tenía un carácter muy fuerte. Tan era así, que me contaron mis abuelos que le daban unas rabietas que se golpeaba contra el piso y en una ocasión mi abuelito le tiró un balde de agua fría para que se calmara. De la reacción estuvo al borde de la muerte.

Desde ese momento tuvo una reacción sicológica que le causó una tos que le duró toda la vida. No había medicamento que la curara, diciendo los médicos que era un asunto mental.

Todo para ella era negativo. Durante toda su existencia me rechazó cada vez que me acercaba a darle un beso o a hacerle una caricia. Tengo que reconocer que mi madre era una buena proveedora, ya que siempre me tenía como una princesa, colmándome siempre con lo mejor.

En relación con mi padre no guardo ninguna memoria importante, pues no estuvo presente en mi vida. Lo único que recuerdo de cuando iba a visitarlo, es me hacía sopitas de paloma y me presentaba a sus vecinos con orgullo.

Era un hombre alto, muy bien parecido y con debilidad por las mujeres, razón por la cual se separaron.

En el momento de la separación, mi madre había decidido llevarme a vivir con mis abuelos a un pueblo al sureste de Puerto Rico, ya que ella trabajaba y no podía cuidarme. Sólo la veía una vez al mes, cuando iba a visitarme.

De mi familia paterna los recuerdos son irrelevantes, pues ninguno de sus componentes estuvo en mi vida; para ellos sólo existía el hijo de una de mis tías, quien era la adoración de la familia.

Mi padre tenía otra hija mayor que yo, fruto de su primer matrimonio. Mi hermana tenía seis hijos, algunos mayores que yo. A pesar de que nunca convivimos en la misma residencia, mi madre me acostumbró a visitarla pues ellas siempre se llevaron bien.

Sin embargo, mi hermana nunca me visitó y sus hijas, que estudiaban en la misma escuela, nunca me reconocieron como su tía ni fueron mis amigas.

Como mi hermana siempre le brindó atención a mi padre, se convirtió en su albacea e hija preferida. También tengo un hermano y una hermana menores, pero desconozco su paradero.

La niñez

En la residencia de mis abuelitos maternos vivían mi tía, a quien yo llamaba Mami Cu, y unos primos hijos de mi tía. Todos ellos me querían mucho y sufrí mucho cuando fueron partiendo del plano terrenal.

Los hermanos de mi madre pertenecían al cuerpo de la policía estatal, que para esos años era una posición de mucho prestigio y respeto. No éramos una familia de clase acomodada, pero en mi casa siempre había abundancia. Mi abuelito se desempeñaba como encargado del cementerio del pueblo y cuando no regresaba temprano a la casa, Pancha se iba conmigo al cementerio donde yo me entretenía jugando entre las tumbas.

Durante la Semana Santa me vestían con un traje blanco para participar en la procesión del Viernes Santo. Cuando eran las fiestas del pueblo, yo me escapaba para ir a cantar en la tribuna.

Pancha, mi abuela, era estricta y me golpeaba por cualquier motivo, especialmente si les regalaba mis cosas a las niñitas menos afortunadas.

Asistía a una escuelita donde tuve muchos problemas por ser una niña muy traviesa. En una ocasión le ocasioné un golpe en la cabeza a un niño por molestarme halando mis largas trenzas.

Siempre la que tenía que representar a mi madre era Mami Cu.

Viví con mis abuelitos hasta la edad de nueve años, cuando mi madre volvió a contraer matrimonio.

Mami Cu entonces consiguió un empleo en la residencia para señoritas de la universidad y yo iba todos los días, haciéndome amiga de las jóvenes que residían allí.

Tengo la certeza de que mi madre ignoraba el daño que me había causado con su ausencia, ella también cargaba su "equipaje".

Esta ausencia marcó mi vida con un **SENTIDO DE ABANDONO.**

Dice un estudio sicológico que "debido a las circunstancias" y a las personas allegadas a nuestra vida durante nuestros

primeros años, quedamos programados con órdenes sicológicas que luego controlan nuestras actitudes. En mi caso, esa programación fue: **NO SEAS TÚ MISMA** (mandato sicológico que afecta la personalidad).

Estoy consciente de que durante esos años existían muchos mitos sobre la crianza de los hijos. Algunos padres asumían una actitud fría y sin comunicación, especialmente cuando eras una niña. No te orientaban sobre los asuntos más elementales de cómo ser mujer y madre. Eran cosas que se tenían que aprender por sí sola. Mi escuela fue la calle.

La adolescencia

Mi madre trabajaba en la universidad y mi padrastro era ascensorista en el correo del viejo San Juan. Tuve que abandonar el colegio porque mi madre no podía costearme los libros y mi padre no aportaba nada, teniendo que irme a estudiar a la escuela pública.

Cuando mi padre se enteró de que mi madre había contraído matrimonio nuevamente, comentó que si algo me sucedía a mí, terminaría con la vida de mi madre. Tenía que quedarme a solas con mi padrastro cuando llegaba de la escuela y éste aprovechaba la oportunidad para cometer actos lascivos.

Era una antigua residencia de madera y entre mi habitación y la de mi prima había un hueco en la pared por el cual mi padrastro me observaba. Una tarde mientras yo dormía, entró a mi habitación y me agredió sexualmente.

Tiempos de juventud

La etapa de la adolescencia es lo más hermoso en la vida de toda jovencita. Debe estar llena de anécdotas felices. Este no fue mi caso. Me vi en la necesidad de adaptar mi vida a un hombre que, por su edad, podía ser mi padre.

El sueño de toda joven es la celebración de sus quince años. Mi madre no estaba en la situación económica para poder celebrar los míos y yo, con mucha tristeza me fui al cine.

Para finales de los años cincuenta yo cursaba mis años de escuela superior con una concentración en secretariado. Me gustaba mucho jugar boliche y pasaba mucho tiempo en una bolera cercana a la escuela, llegando a ser capitana de un equipo.

Acostumbraba ir a jugar boliche al salir de la escuela, por lo tanto, vestía mi uniforme escolar. Un día se presentó un caballero interesado en acompañarme a jugar, así que acepté. Para ese tiempo las jóvenes éramos ingenuas y no teníamos experiencias de vida.

El Marqués

Este caballero era todo un galán otoñal. Contaba con todo lo que el dinero puede comprar: chofer, carro de lujo, propiedades, respeto social, caballos de carreras en el hipódromo y relaciones influyentes; en fin, era millonario.

Quedé deslumbrada con sus atenciones, siendo su primer regalo mi sortija de graduación. También acostumbraba a enviar por mí a la escuela y yo de ingenua, me sentía orgullosa delante de mis compañeras. Inclusive nos proporcionó transportación a mis amigas y a mí para el baile de graduación.

Entablamos una relación íntima, por la cual salí en estado de embarazo tres meses antes de finalizar el curso escolar, lo que significaba no graduarme. "El Marqués" tenía varios hijos y no deseaba tener más ninguno y me convenció para que me practicara un aborto, que para ese tiempo era ilegal.

Después de discutir lo sucedido mi madre le solicitó al "marqués que nos mudara de vecindario para ocultar la vergüenza. Mi padrastro prefirió quedarse, luego de proferir una serie de palabras ofensivas a "el marqués".

Mientras yo estuve embarazada, "el marqués" costeaba mis estudios de *cosmetología* y a la misma vez me colmaba de lujos y regalos.

Mi madre había adquirido una propiedad que estaba en construcción y ésta le fue entregada antes del nacimiento de mi hijo. Mi padrastro no estuvo de acuerdo con irse a vivir con nosotras hasta que yo me fuera de la casa.

Diariamente, al regresar del trabajo, mi madre me preguntaba si había conseguido a dónde irme. Fue tanta la presión, que me vi en la necesidad de decirle a "el marqués" sobre una residencia que estaba disponible cercana a la casa de mi madre.

Esto despertó en mi un sentimiento de odio y rencor hacia mi padrastro que perduraría hasta su muerte. Mi madre jamás aceptó lo que me había sucedido con mi padrastro, opinando que eran celos míos.

Al irme a vivir con "el marqués" comenzó un patrón de maltrato físico. Había vuelto a quedar embarazada de mi segundo hijo y establecí una familia.

Aquel patrón de maltrato físico que al principio era leve, se convirtió en **EL MAYOR Y BESTIAL MALTRATO DE ACTOS Y ABOMINACIONES IMPUBLICABLES**, con el cual "el marqués" pretendía cambiar mi personalidad.

"El Marqués" se autodenominaba con el seudónimo de **EL MARQUÉS DE SADE**, el precursor del sadismo. Estas son personas que disfrutan mirando el sufrimiento humano. Jamás olvidaré aquellos ojos llenos de lujuria mientras me golpeaba.

Fue muy difícil salir de esa relación porque cada vez que lo intentaba, "el marqués" me amenazaba a punta de pistola con quitarme los hijos, diciendo que yo no podía ir a las autoridades porque él tenía el dinero y las influencias para salir airoso.

Un día, mientras un amigo de él se encontraba de visita en nuestra residencia, se suscitó una discusión entre "el marqués" y yo, fue entonces que su amigo le dijo que me dejara partir ya.

Afortunadamente pude escapar, no sin antes llevar conmigo todas las cicatrices físicas causadas por su infamia, las amarguras y el dolor, producto de su maltrato.

Con el pasar del tiempo, que todo lo pone en su lugar, "el marqués" perdió su fortuna y la visión de su mirada lujuriosa, hasta llegar al extremo de publicar en un periódico local una carta pidiendo perdón a todo el que le causó daño.

No conforme con eso, le pidió a nuestro hijo que lo llevara donde mi para pedirme perdón. Yo no soy una persona rencorosa y le dije que hacía años lo había perdonado. Es el Padre Celestial quien puede pasar juicio.

Hoy quizás esté en el mundo de los espíritus purificando su alma, hasta que le llegue el momento digno de la salvación y la vida eterna.

La vida loca

Afortunadamente "el marqués" fue buen proveedor, ocupándose siempre del sostenimiento de sus hijos, quienes gozaron de todas las comodidades necesarias para su educación.

Yo me desempeñaba como mecanógrafa de estadísticas en una firma internacional de auditores y me gustaba viajar durante el periodo de vacaciones. En algunas ocasiones llevaba conmigo a los niños. Siempre que hacíamos algún viaje como parte de la educación de los niños, "el marqués" cubría todos los gastos. Él deseaba que todos sus hijos disfrutaran del mismo nivel social que él podía sufragarles.

Cuando viajaba sola, no me gustaban las excursiones debido a mi apariencia física; era asediada por millonarios, galanes de cine, altos dignatarios gubernamentales, empresarios, etc. Esto no lo digo por vanidad o falta de humildad sino para su conocimiento.

Toda esta jornada en mi peregrinar por el plano internacional parecería maravillosa de no ser porque NO ERA MI PROPIA IDENTIDAD. Aunque tengo que reconocer que en alguna ocasión tuve sentimientos encontrados, enamorándome.

El camionero

Me encontraba laborando para una compañía farmacéutica como especialista en documentación de exportación e importación y parte de mis deberes era inspeccionar todo el movimiento de mercancía; por tal motivo, me comunicaba con los camioneros.

Un día, mientras me encontraba en mi área de trabajo, se me acercó este camionero a entregarme los documentos de la carga que traía. Fue amor a primera vista. Debido a las posiciones que ambos teníamos, no podíamos tener un encuentro personal. A pesar de la atracción que ambos sentimos, él fue muy caballeroso. Yo tenía buena relación con la secretaria de su empresa y ella me facilitaba información de él.

Logré hacer contacto con él y ese día nos reunimos pensando que sería un compartir fugaz. Esta relación se mantuvo por doce años. Fue el gran amor de mi vida. Nuestra química era perfecta, no necesitábamos las palabras, pues sólo las miradas lo decían todo. Fue una relación llena de amor, pasión, tormentos, separaciones y vueltas.

Era un líder en las relaciones obrero-patronales, sin embargo, no podía lidiar con algunas circunstancias de la vida.

Un sábado fue a visitarme y reconocí que estaba diferente. Algo le sucedía pues lucia extraño. Pasaron tres o cuatro días sin tener comunicación de parte de él y llamé a su oficina para conseguir información, donde me informaron que hacía 3 días lo habían enterrado. Decidió terminar con su vida, extrañándolo y pidiéndole al Creador misericordia para su alma.

El muñeco de ébano

Mi madre era completamente racista y se refería a las personas de raza negra de manera despectiva. Esta conducta pienso que fue inducida por mi abuela Pancha, que era descendiente de españoles y opinaba de la misma manera. Yo disfrutaba llevándole la contraria, sintiendo especial atracción por los hombres de esta raza.

Acostumbraba a asistir con mis amigas a uno de los hoteles del área donde se celebraba los domingos en la tarde un té - danzante. Al llegar al estacionamiento estaba éste personaje encargado del mismo. Tenía una sonrisa con una dentadura perfecta que me dejó deslumbrada. No nos fue difícil desarrollar una amistad íntima que se convirtió en un romance pasional que fue como una estrella fugaz. De la misma manera, fue el golpe sicológico que causó en su breve paso por mi vida.

El muñeco era "tan bello y perfecto" que hasta los mismos hombres lo admiraban; era modelo de una tienda de ropa para caballeros y una revista especial para las damas lo contrató para unas fotos al desnudo.

En realidad, ¿quién era el muñeco? Era un vividor bisexual y drogadicto que antes de salir de mi vida, dio un golpe mortal a mi autoestima que ya estaba deshecha. Según llegó a mi vida, así mismo desapareció.

El golpe fatal

Como dicen que las tragedias nunca vienen solas, no había transcurrido un mes de la partida del camionero, cuando vino la estocada mortal.

Mi hijo mayor había ido al estilista del cabello y yo le había dicho lo bien que se veía. Él acostumbraba, los viernes en la tarde, ir a compartir con sus amistades; guardaba su maletín de trabajo en la parte de atrás de su vehículo.

Era un sábado en la mañana y varios compañeros de su trabajo llamaban indagando por él, cuando entró la llamada de la policía para informarme que había ocurrido un accidente y que me presentara a la división de tránsito de la policía. Allí me mostraron el vehículo que había explotado quemándose adentro el conductor.

Fueron varias mezclas de sentimientos que creí iba a enloquecer. Han pasado muchos años y todavía siento dolor en mi alma al recordar. Sólo me fortalecen mis tres hermosas nietas con mis bisnietos que dejó como su descendencia.

Siempre tuve la corazonada de que este hijo había llegado a este plano terrenal por poco tiempo. Cuando él me mostró el vehículo del accidente supe que sería su caja mortuoria. Hoy en día, he llegado a la conclusión que también padecía del mismo síndrome mental que yo.

Sé, con la certeza que da la FE y la confianza en Jesucristo, que mi hijo está al lado del Padre Celestial y algún día nos reuniremos para compartir la vida eterna.

NOTA:

Hay un lapso de cinco años entre la partida del camionero y la partida de mi hijo, donde me trasladé fuera de Puerto Rico, huyendo sin saber de qué; completamente desajustada con apariencia normal y mi vida transformada en una verdadera pesadilla que no quiero recordar; **Delete.**

El gordo

En mi deambular nocturno buscando un escape, no sé de qué, conocí a este personaje a quien llamaré "El gordo".

Este caballero no tenía absolutamente nada que fuera de mi agrado. Nunca he comprendido qué fue lo que me unió a él hasta llegar al matrimonio. Él se comportaba bien conmigo, hasta el extremo de tener una dependencia sicológica. Yo, en cambio, me había tornado agresiva en la relación.

A "El gordo" le gustaba el mundo del ocultismo, expresándome que sabía hacer una clase de "pacto". Pronto descubrí que tenía problemas con su salud mental y le solicité la separación.

Él no estaba de acuerdo con mi decisión.

Un día, al llegar de su trabajo, se trasladó a una habitación de la casa y preparó "un trabajo espiritual" para luego ir a la otra habitación, desde donde se comunicaba conmigo.

Cuando fui a su encuentro, estaba acostado vistiendo sus ropas de trabajo y como era una persona alta y robusta, yo no vislumbré que portaba un arma de fuego en su mano derecha, con la que se quitó la vida.

Me sometí a terapia de hipnosis, para borrar la experiencia de mi subconsciente.

SEGUNDA PARTE

Mi metamorfosis

Puse en pausa mi vida romántica por espacio de unos diez años, para lidiar con las trampas de las enfermedades mentales. De igual manera que un gusano se transforma en una bella mariposa, así me transformaba yo con mis dos personalidades.

Una vez una persona me comentó en una ocasión que "para conocerte a ti hay que vivir contigo; en la casa eres una y cuando sales a la calle, eres otra completamente distinta".

A estos cambios yo les llamo: **MI METAMORFOSIS.**

Una de las cosas que más yo deseaba en el mundo era sentirme amada. Le pedía a Dios que alguien me quisiera por lo que llevaba adentro y no por mi físico. Quería que me vieran al revés. Cómo envidiaba cada vez que miraba a una pareja de enamorados.

Era tan fuerte mi descontrol emocional, que tuvieron que internarme en un hospital psiquiátrico; no sin antes visitar a un médico especialista que me diagnosticó con el **SÍNDROME BIPOLAR.**

¿Qué es este desorden mental?

Es una condición que se caracteriza por cambios dramáticos en el estado de ánimo de la persona afectada. Los cambios suelen ser frecuentes y en ocasiones severos. La vida de la persona bipolar fluctúa entre periodos de mucha actividad y periodos de depresión, entre los cuales vive una vida normal antes de que se le manifieste la condición. En mi caso, el diagnóstico correcto es HIPOMANICA, porque no cambió a depresión.

Por un lado, el paciente bipolar es **extremadamente sensible** y, por otra parte, **actúa por impulsos**. Los pensamientos de una persona bipolar, en ocasiones entran en la mente y no se detienen para razonar si son correctos o no; para expresarlos hará comentarios inapropiados u ofensivos.

Se torna irritable y se comporta de manera exigente. Las quejas irrazonables, las rabietas y la agresión verbal responden a su baja tolerancia, frustración e incapacidad de reconocer el impacto de *su conducta inevitable y sufre en su "yo" propio, el cual actúa de otra manera.*

Algunos de los síntomas que presenta esta condición son los siguientes:

- Euforia inadecuada
- Ideas de grandeza
- Hablar excesivamente
- Hipersexualidad
- Pensamientos caóticos y atropellados
- Notable aumento de energía
- Falta de sentido común
- Conducta social inadecuada
- Pobre juicio para tomar decisiones
- Insomnio

El desamor, el rechazo, la falta de comprensión y la baja autoestima son factores decisivos que impiden buscar ayuda. Se ha suscitado un **FENÓMENO INDESCRIPTIBLE DE LA SEPARACION DE MENTE - ESPÍRITU.**

Los bipolares son personas creativas y aparentemente normales. Entre las características positivas de esta condición, está que poseen un nivel de inteligencia mayor que la persona común. Se pueden encontrar entre las artes, jueces, políticos, gobernantes, escritores, empresarios y comerciantes.

Posiblemente usted ha escuchado sobre el escritor Ernest Hemingway, la actriz de cine Patty Duke, que hizo una película para HBO sobre su propia vida y el señor Robert Boorstein, quien se desempeñó como Asesor Internacional del presidente Clinton.

Desafortunadamente, el estigma social del paciente siquiátrico en una sociedad ignorante hace que las personas se escondan para no perder credibilidad. La falta de conciencia humana, social y cristiana, sólo añade frustración y coraje ante una sociedad que no hace nada positivo para ayudar al necesitado. La burocracia de los sistemas de salud mental ofrece muy pocas alternativas para esta clase de pacientes.

Cuando me diagnosticaron con este síndrome y me informaron que **ERA PARA TODA LA VIDA**, me dediqué a hacerme experta en conocimientos de éste. Sin embargo, está comprobado que algunos casos logran superar los periodos de crisis y se estabilizan.

De la misma manera que acudimos al médico para nuestra salud física, también debemos cuidar de nuestra salud mental. Cuando aceptamos el Evangelio de nuestro Rey y Salvador, es nuestro **PRE-CONCIENTE** el que se convierte, **NUESTRA MENTE SUBCONCIENTE NO SE CONVIERTE**. Es aquí donde aplica la importancia de escuchar y creer para que, a través de nuestros sentidos, podamos **RE-PROGRAMAR** nuestra mente. No podemos estacionar un vehículo nuevo en el mismo lugar del viejo, sin antes removerlo.

TODOS LOS ESQUELETOS SICOLÓGICOS Y CONDUCTAS NEGATIVAS QUE DEJAN RAÍCES DE AMARGURA, REMORDIMIENTO Y RENCORES. SÓLO SE PUEDEN SUBSANAR CON EL PODER DEL EVANGELIO Y AYUDA PROFESIONAL.

Los primeros cinco años en la vida de cualquier individuo fijan lo que será su vida de adulto. En este punto, hagamos un análisis de los primeros capítulos y lleguemos a una conclusión: La mente subconsciente no sabe de bromas, de mentiras, de lo que es falso o cierto; sólo graba todo lo que escucha, como si fuera un equipo de grabación y archiva, al igual que le damos "*save*" a la computadora.

Cuando perdemos el control de nuestra mente, la computadora mental "open" cualquier archivo y suelta mecanismos de defensa para no colapsar.

El peor de los estigmas sociales es considerar a estas personas con el adjetivo de **LOCO, "PORQUE SI ESTAMOS LOCOS ES PARA DIOS Y SI ESTAMOS CUERDOS ES PARA VOSOTROS; OJALÁ ME TOLERÉIS".** (2 COR. 5:13, 11:1 11:3)

Durante mi primera intervención hospitalaria, el sicólogo llevó a cabo una prueba de autoestima, la que debía arrojar un resultado mínimo de 75%, mi resultado fue de 17. El doctor me hizo el comentario de que lo que yo necesitaba era una nueva conciencia.

De mis investigaciones sobre el síndrome bipolar, aprendí que *SÓLO LLEVANDO UNA VIDA ESPIRITUAL Y RE-PROGRAMANDO MI MENTE*, podría vencer a la misma. En mi peregrinar buscando esa unión entre mente y espíritu, visité iglesias de diferentes denominaciones y en ninguna encontré ese "algo especial" que me mostrara dónde estaba la verdad.

Dios nos dio un cuerpo sano y las enfermedades no le pertenecen al creyente. Por ejemplo, nunca debemos decir: *"YO SOY* diabético"; en su lugar debemos decir: "Yo *TENGO* diabetes". No es lo mismo *SER* que *TENER*.

Fueron tantos los años de antisicóticos y otros medicamentos, que me causaron la pérdida de neuronas y ocasionaron una disquinesia tardía, movimiento involuntario de la lengua, afectando la pronunciación.

Una noche mientras dormía y pasaba uno de mis mayores momentos de angustia, sentí la presencia de Dios en mi habitación. Desperté cuando un ángel me ordenó con voz dulce y melodiosa, que buscara dónde escribir. El ángel me repitió las palabras escritas por los profetas en la Biblia, que dicen: "No temas porque yo te redimí, puse nombre, mío eres tú. Cuando pases por las aguas no te anegará, cuando pases por el fuego no te quemarás ni la llama arderá en ti. No temas porque yo estoy contigo. No te acuerdes de las cosas pasadas ni traigas a memoria las cosas antiguas. He aquí yo hago cosas nuevas; **PRONTO SALDRÁ LA LUZ Y OTRA VEZ ABRIRÉ CAMINOS EN EL DESIERTO Y RIOS EN LA SOLEDAD.** Yo soy el que borra tus rebeliones y **NO ME ACORDARÉ DE TUS PECADOS.** Fui el que te formó desde el vientre. Yo soy Jehová, tu Dios y no hay otro dios". (Isaías 43)

CONFIÉ Y CREÍ en las palabras de Jesús, quedé convencida de que iba a ser sanada de ese síndrome que no me pertenecía. Sólo que todo es al tiempo de Dios, pero no podemos dudar de sus promesas. Sólo el testamento de Jesús nos da la batalla que son los dones del Espíritu Santo, con los cuales edificaremos **UNA NUEVA CONCIENCIA.** (Ef. 6:10-20, 4:32 I Cor. 12:4-10)

Para poder efectuar los cambios necesarios, es imprescindible que **ROMPAS EL PATRÓN**, haciendo estos pasos:

- Ser valiente para decir **BASTA YA**
- Haber desarrollado un plan de escape
- Ayuda profesional
- **CREER** en las promesas del Padre Celestial
- **CONFIAR** en el Padre Celestial
- Leer libros positivos
- Involucrarte en tu comunidad
- **ASOCIARTE CON PERSONAS QUE PIENSAN POSITIVO**
- **ECHA A UN LADO AMISTADES QUE NO APORTAN NADA A TU VIDA**

Fíjate que muestro en mayúsculas lo que debe ser un acto inmediato en tu vida. TODA enfermedad se puede sanar si estamos dispuestos a cambiar nuestra manera de pensar. Creer y actuar es muy importante, querer cambiar CREYENDO Y CREYENDO.

¿?

Cuatro años más tarde de la partida de "El gordo", apareció en mi vida una persona para el cual no tengo adjetivo que lo califique. Así que utilizo el signo de interrogación.

Esta persona llegó en momentos que por circunstancias de la vida me encontraba muy vulnerable. Me sentí atraída por su personalidad y carácter recio.

Al comenzar nuestra amistad me expresó que tenía un carácter difícil y un pasado obscuro. Pensé que todos necesitamos una oportunidad de reivindicarnos y a la misma vez, le expliqué de mi situación de salud mental.

Las personas que sabían de sus actos pasados no me informaron nada porque pensaban yo estaba muy enamorada. Tengo que aceptar que "era así en apariencia" (Sintomatología bipolar) y hasta yo misma lo creía. (Juicio erróneo al tomar decisiones).

Durante una visita a la siquiatra donde él me acompañó, la doctora lo vio a distancia y me preguntó cómo yo había caído ahí y qué iba a hacer durante el periodo de adaptación.

No escuché la advertencia de la siquiatra y contrajimos matrimonio, a pesar de que ya él había mostrado signos paranoicos.

En los primeros meses de matrimonio sufrí una crisis emocional tan fuerte que tuvieron que ingresarme nuevamente en el hospital. No sólo eran los episodios paranoicos, también humillaciones frente a la gente, menosprecio por mis habilidades, manipulación, desprecio por mi familia, especialmente por mi hijo y orgullo mal infundado.

El descontrol emocional que soportaba callada me estaba afectando mi sistema estomacal-intestinal y mis manos temblorosas. En las mañanas un líquido negro salía de mi boca debido al exceso de Cortisol (hormona del estrés) aumentando los niveles de grasa y la presión arterial.

Yo evitaba los enfrentamientos para que no se convirtiera en "Hulk", o sea, no se tornara agresivo. Estaba ante un "**SICÓPATA SICOLÓGICO**" que su lado positivo era cuidarme cuando enfermaba, no sin mencionarme lo imprescindible que era en mi vida. También era notoria su forma exagerada de ser un buen proveedor.

El escape

Desesperada por poner punto final a esta situación, traté de separarme sin tener éxito, porque no tenía dónde vivir. Mi salud mental no estaba en condiciones de actuar en lo correcto para mí. El que yo no tuviera éxito en lograrlo fue motivo de mucho orgullo para él, comentando que yo era tan atrevida que había tratado de dejarlo.

Aunque siempre me mantenía ligada a mi **FE**, no me estaba congregando en ninguna iglesia y tampoco tenía una buena relación con la ayuda profesional que estaba recibiendo.

Cuando se apagaban las luces para retirarnos a dormir, oraba mentalmente y pedía a Dios que me abriera la puerta. Un día, mi hijo me invitó a almorzar en un restaurante y me comunicó sus planes futuros respecto a mí, desconociendo por completo mi situación que siempre le oculté. Al llegar a mi casa oré a Dios dándole gracias y comencé a planificarlo todo, sin que mi esposo lo supiera.

Cuando estaba todo listo y completamente decidida, llamé a mi hijo para reunirnos y contarle todo. Me escuchó atentamente. Él creía que yo era feliz y me dijo que contara con su apoyo.

Mi esposo no tenía ningún conocimiento de mis planes, ya que es una persona con la que no se podía hablar. Yo estaba aparentemente limpiando mi armario y la realidad es que estaba recogiendo mis pertenencias.

Ya había hablado con una amiga a quien amo de manera especial. Ella me brindó su casa durante el tiempo que fuera necesario, hasta que mi hijo resolviera.

Todo estaba planificado, ahora el problema era cómo salir. Fui a ver a mi médico preferido buscando ayuda profesional y mi esposo insistió en acompañarme. Afortunadamente, el médico estableció privacidad entre médico-paciente, lo cual no fue del agrado de mi esposo.

En la próxima visita pude asistir sola y explicarle todo detalladamente al médico. El doctor, como todo un buen profesional, ya se había formado un perfil médico de mi esposo y me sugirió abandonar el hogar ese mismo día. El mismo doctor avisó a las autoridades para que me brindaran protección, de ser necesario.

Mientras oraba en mi mente confiando en la ayuda celestial, mi esposo hizo un comentario que no recuerdo, y le contesté: ***"ME VOY"***. Él sólo comentó: "si te vas, no hay vuelta atrás". Se mantuvo muy tranquilo mientras yo, con la mayor rapidez, montaba mis pertenencias en el vehículo.

Pasaron unos meses de muchas angustias y vicisitudes, pero al fin logré la separación por ruptura irreparable. Hoy mantenemos una relación "cordial" y ruego a Dios por misericordia para él.

Todo el daño que me causó queda perdonado y sin rencores.

Lo miro como una persona enferma sicológicamente, que necesita del poder de nuestro Padre Celestial. Para mí no existe como hombre y todas las pérdidas económicas que él o Satanás me quitaron, estoy convencida de que Dios, a su tiempo, lo recompensará.

He dejado este capítulo separado de los demás, para dejarles humildemente un claro ejemplo de lo que significa el perdón. Algunas personas dicen que "yo perdono, pero no olvido". Nadie olvida, eso es irrelevante, tan siquiera pensarlo. Sólo lo debemos recordar como una experiencia de vida, sin rencor. Los malos sentimientos sólo le hacen daño a uno mismo, la otra persona no se entera, ni lo siente.

TERCERA PARTE

Has cambiado mi lamento en baile

Autor desconocido

SOY PARTE DEL PROYECTO DE CONSTRUCCIÓN DE DIOS. FUI SACADA DE LA CANTERA DEL PECADO. HE SIDO CINCELADA, MOLDEADA, TRITURADA Y SERÉ COLOCADA EXACTAMENTE EN EL LUGAR PARA EL CUAL ÉL ME DISEÑÓ.

¡YO SOY ESPECIAL, TESORO PARA EL SEÑOR!

Albedrío

Debemos conocer el significado de esta palabra que causa tanta confusión entre los cristianos y los gentiles.

¡Dios nos dio albedrío moral para que todo hombre responda por sus pecados. Cuando Satanás se rebeló, pretendió destruir ese albedrío. Nuestro Creador nos dio **CO- NOCIMIENTO** y ahí le dio al hombre **ALBEDRÍO**.

Por lo tanto, significa la facultad y el privilegio que Dios da a las personas de escoger y actuar por sí mismas. En mi opinión, es debido a esta facultad que la relación con Dios es estrictamente personal.

Existen variedad de entendimientos sobre la verdadera definición de la palabra. Desde el plano terrenal el albedrío es la libertad que tienen las personas para tomar sus propias decisiones.

Una persona libre es una persona que toma decisiones por sí misma. No deciden por ellos sus hábitos ni sus emociones, ni sus miedos inconscientes ni sus barreras mentales. Hay variedad de creencias entre las diferentes doctrinas filosóficas que han sido apoyadas por las autoridades y a la vez criticadas por antiguos pensadores y filósofos de la época. No profundizaremos en estas teorías, pero sería pertinente tener un breve conocimiento.

Algunos biólogos han cuestionado el albedrío debatiendo lo innato y lo adquirido, cuestionando la importancia de la genética y el comportamiento humano cuando se compara con la cultura y el medio ambiente. En la neurología y la psiquiatría hay ciertos desórdenes relacionados con el cerebro que pueden ser denominados como **DESÓRDENES DE LIBRE ALBEDRÍO**.

Si nos vamos al plano religioso, veremos una gran variedad de definiciones dependiendo de sus creencias de fe. Sólo vamos a mencionar algunas:

Los metodistas creen que mientras Dios es omnipotente y conoce las decisiones que el hombre va a tomar, todavía da el poder a los individuos para escoger o rechazar todo, sin importar las condiciones externas o internas relacionadas con la decisión.

El catolicismo abraza la idea del libre albedrío, pero no lo ven ejerciendo aparte o contradiciendo la gracia divina. En mi opinión, tanto es así que establecieron su propia Biblia de acuerdo con sus creencias. Eran libres de hacerlo.

La iglesia ortodoxa oriental cree que todos poseen libre albedrío, que seguirá siendo su conciencia y arrogancia, ambas siendo parte del individuo. Mientras uno sigue la conciencia obtiene mejores resultados y mientras sigue la arrogancia, los resultados son peores.

La Iglesia de Jesucristo de los Santos de los Últimos Días cree que Dios les ha dado a todos los humanos el regalo del albedrío, siendo la última meta retomar a su presencia.

¿Cuál sería la diferencia entre libertad y libre albedrío? Libertad es la capacidad de actuar y albedrío es la capacidad de decidir o elegir lo que se traduce en acción correspondiente.

En mi búsqueda para una definición correcta de este acto, encontré que es extensamente amplia la misma y en mi opinión, el ser humano siempre acomoda su existencia a su propia voluntad y no a la voluntad de Dios. Nuestra capacidad mental de sólo un 15% no nos permite entrar en los misterios de Dios. Sólo debemos obedecer sus mandamientos y seguir el ejemplo de Jesucristo.

El albedrío es un principio eterno. Puedes escoger entre el bien y el mal y actuar según tu voluntad, porque te fue concedido por el Padre Celestial que hace de nuestra vida terrenal un periodo de probación.

Nuestro Padre Celestial nos ha dicho cómo escapar del cautiverio de Satanás y no permitiría que seamos tentados y utilizados más allá de lo que podemos resistir.

PREGUNTO: ¿ACASO YO TUVE ALBEDRÍO PARA ESCOGER MI VIDA DESDE QUE VINE AL PLANO TERRENAL TRAYENDO CONMIGO LA COMPLEJA GENETICA FAMILIAR, TRASPASANDO UNA HERENCIA MALDITA A MI DESCENDEN-

CIA O SIMPLEMENTE FUERON LAS CIRCUNSTANCIAS DE LA VIDA?

¿ACASO YO FUI RESPONSABLE DE UNOS ACTOS DEBIDO A MI CONDICION GENÉTICA, PAGANDO EL PRECIO DE UNA SOCIEDAD IGNORANTE QUE JUZGA Y CRITICA?

ESTO NO LO EXPRESO COMO EXCUSA O LAMENTO. ME HA TOMADO TRES AÑOS RE-PROGRAMAR MI MENTE CON AYUDA PROFESIONAL Y SOBRETODO, CON EL PODER DEL EVANGELIO. CONFIANDO Y CREYENDO EN LA DIRECCIÓN DE UN DIOS QUE NOS AMA Y SIEMPRE CUIDÓ DE MÍ. NUNCA ME ABANDONÓ Y ME LIBRÓ DE TODOS LOS PELIGROS.

AHORA SÍ EJERZO MI ALBEDRÍO PARA CONVERTIR MI EXISTENCIA EN LO QUE VERDADERAMENTE ERA EL PLAN DE DIOS AL ENVIAR MI ESPÍRITU AL PLANO TERRENAL. AHORA LOS ESPÍRITUS DE SATANÁS NO PUEDEN CONTROLAR MI EXISTENCIA.

TENGO LA ARMADURA DEL EVANGELIO.

Experiencias espirituales

Se nos hace difícil reconocer que tenemos que crecer en nuestra área espiritual y que tenemos que vivir una vida de disciplina y orden para alcanzar una estabilidad perfecta. Tenemos que reconocer que somos un espíritu que tiene una mente que vive dentro de un cuerpo. No existe otro orden.

Cuando era niña, tenía la visión de que Dios me ponía un anillo invisible que me concedería todas mis peticiones y me libraría de todos los peligros. Esto creí y lo hice parte de mi vida.

Al empezar a estudiar el Evangelio, encontré en el libro de Hageo 2:23 algo que reconocí como profecía para mi vida:

"EN AQUEL DÍA, DICE JEHOVÁ, TE TOMARÉ SIERVO MÍO Y TE PONDRÉ COMO ANILLO DE SELLAR, PORQUE TE ESCOGÍ".

Una vez fui adulta y me fui a vivir la vida loca, tenía la completa certeza que nada malo me sucedería, porque sabía que, a pesar de todo, mi madre oraba mucho por mí. Ella me dejó la mejor herencia, que era su **FE EN EL ESPÍRITU SANTO.** Pasaba todo el tiempo invocándolo mientras yo siempre la estaba cuestionando.

Yo confiaba mucho en que, si algo malo estaba por sucederme, sentiría un fuego corriendo por mi cuerpo que me sacaría del lugar. Durante ese tiempo, Dios me libró de muchos peligros que pudieron costarme no sólo la vida, sino la cárcel o perderme en las intenciones de Satanás.

En mi relación con "El gordo" tuve la mayor experiencia espiritual que he vivido. Luego de que él terminó de hacer su "pacto" y se trasladó a la habitación matrimonial con las intenciones de terminar con su vida, dijo unas palabras que, al yo no escucharlas, fui a su encuentro. Estaba acostado con los pies en el piso y su arma de reglamento en la mano derecha, la cual no alcancé a ver. En el preciso momento en el que sólo Dios sabía que iba a halar el gatillo, bajó un velo espiritual interponiéndose entre los dos y no pude mirar el momento cuando cometió ese acto.

Poco tiempo después de "El gordo" partir, encontré en el camino a su mejor amigo, quien me expresó que "El gordo" siempre tuvo la idea de terminar con su vida y volverme loca. Estoy segura de que esa fue su intención en el momento de hacer su pacto, pero lo que "El gordo" no sabía, era que yo era **ESCOGIDA DE DIOS**.

Con "El camionero" también tuve experiencias que me obligaron a cambiarme de residencia. Él tenía la costumbre de hacer una caricia que me dejaba roja la punta de la nariz. Una noche yo regresaba alrededor de las doce de la noche y cuando fui a acostarme, explotó el espejo del vanity del baño como si le hubieran dado un fuerte golpe (estaba pegado a la pared) y todos los cuadros de la casa cayeron al piso haciéndose pedazos. Sentía como si alguien se sentara en mi cama y al otro día yo tenía la punta de la nariz roja.

Viví varias experiencias que considero pequeñas, pero me comprueban una vez más que Dios siempre me protege y que no debo de tener temor alguno.

Rescatada

Cuando busqué la ayuda profesional para escapar de la situación en la que me encontraba con "?", mi médico me recomendó que fuera a visitar una Iglesia cristiana que no tiene religión, pero es adoradora, sanadora y restauradora, en la que él era un recurso. Esta iglesia tiene un ministerio de consejería con varios profesionales de la salud mental para prestar ayuda necesaria sin fines de lucro.

Asistí a la misma, me reconcilié con Dios y asistí a varias terapias con una psicóloga con la que cooperé expresando intimidades que no había dicho a nadie, con el deseo inmenso de sanar mi mente.

Luego comencé a tomar clases de bautismo por inmersión y aprendí a conocer a Jesús. Me sentí cómoda en esta iglesia, a la cual asistí durante dos años y guardo un gran agradecimiento por sus pastores. Como ellos dicen: "Ninguna iglesia es perfecta", pero "me faltaba algo" que no alcanzaba a llenar mi espíritu.

Había logrado sanar mis amarguras, mi autoestima, estaba trabajando con mis valores y trataba por todos los medios de llenar mi espíritu. Pero no lo lograba y comencé a alejarme.

Hablaba con Dios preguntándole cuál era su propósito para mi vida. Le pedía a Dios que me enseñara el camino que debía seguir. Me registré en un Centro para Envejecientes para pasar el día y ocupar mi tiempo libre. Cuando la encargada me mostró la terraza donde se reúnen los participantes, quedé impactada. Mentalmente pregunté a Dios por qué me había llevado a ese lugar. Éramos más de cien participantes con diferentes situaciones familiares, económicas y de salud.

Comencé a orientarme sobre el funcionamiento del lugar y pronto descubrí que había muchos envejecientes que vivían solos y sus hijos ni siquiera querían hacerse responsables de ellos. Cuando los vehículos de transportación llegaban, especialmente luego de un fin de semana, había algunos que se sentaban aislados y se les notaba la tristeza en el rostro.

Hice buena amistad con una señora conocedora de la Biblia y le expresé mi inquietud del por qué Dios me había llevado a ese lugar. Su respuesta fue inmediata: "Para que aprendas a **DAR AMOR**". ¿Cómo iba a dar algo que yo nunca había tenido?

Pronto me di cuenta de que, con sólo un saludo, un abrazo, preguntándoles como habían pasado el fin de semana, conversar un rato, etc., eso les hacía sentir felices.

Tengo un carácter muy extrovertido, motivo por el cual varias participantes dudaban de que yo fuera cristiana. Siempre he sido recatada en mi manera de vestir, pero a la misma vez verme elegante. Mi manera extrovertida tampoco me agradaba y le pedía a Dios que me cambiara, que quería ser como Jesús.

Comprendo que soy un ser espiritual quien vive una experiencia humana. El Centro fue una oportunidad divina para mi transformación, sanar, crecer y aprender de cualquier reto. Se que *como ser espiritual* yo soy perfecta, sin embargo, todavía me estoy perfeccionando, todavía estoy sanando.

DE CIERTO LES DIGO QUE, SI USTEDES NO CAMBIAN Y SE VUELVEN COMO NIÑOS, NO ENTRARÁN EN EL REINO DE LOS CIELOS. (Mateo 18:31)

El camino del perdón

Las personas, cuando están heridas en el alma, pueden causar heridas a los demás. Al estar con heridas sin sanar, pueden estar predispuestos a responder mal, deseando inconscientemente que los demás compartan el dolor que ellos sienten.

"SEAN BONDADOSOS Y MISERICORDIOSOS, PERDÓNENSE UNOS A OTROS, ASÍ COMO TAMBIÉN DIOS LOS PERDONÓ A USTEDES EN CRISTO". (Ef. 4:32)

Debo practicar el perdón en toda situación y con todas las personas. Tenemos que perdonar a **TODOS** los que nos han hecho daño, estén vivos o muertos. Puede que sea difícil, pero no hay límite para el perdón de Dios. El no perdonar sólo nos hace daño a nosotros mismos, la otra persona no se entera.

"¿CUÁNTAS VECES DEBO PERDONARLO? HASTA SIETE VECES SIETE". JESÚS NOS DIJO: "NO TE DIGO QUE HASTA SIETE VECES, SINO HASTA SETENTA VECES SIETE". (Mateo 18:21)

Diariamente millones de personas hacemos la oración del Padre Nuestro. La **ÚNICA** oración que nos dejó Jesucristo. Una oración perfecta que cubre todas las necesidades. Lo que más llama mi atención es donde nos dice:

"Hágase tu voluntad así en la Tierra como en el cielo". Qué difícil es cumplir con este mandato. Vivir una vida a Su voluntad no es fácil.

Hay veces que escucho a personas decir: "Es que yo soy así" o "estoy vieja para cambiar". Posiblemente te sientes cómoda(o) y no deseas hacer el sacrificio de hacer *SU VOLUNTAD*.

No todos somos creyentes en Cristo, ni todos somos discípulos de Cristo. Creemos en Cristo, pero *NO LE CREEMOS A ÉL*.

¿Verdaderamente crees en sus promesas? Ser discípulo de Cristo es una responsabilidad cristiana.

En mi jornada por el centro de envejecientes tuve que trabajar con el "zoológico" que cargaba en mi corazón. Esos animales que pesaban tanto eran el orgullo, la soberbia, el prejuicio, el desamor, etc. Me faltaba domar al más difícil: la serpiente (entiéndase la lengua). A esta no podemos domarla del todo, pero *SÍ PODEMOS AMARRARLA*.

Viene a mi mente el testimonio de un conocido pastor que ya pasó a morar con el Padre Celestial y que para mí es un verdadero ejemplo de lo que significa el perdón. A este pastor le arrebataron la vida de su hija, creo que a puñaladas. Según tengo entendido, fue el esposo de ella; un hombre cristiano y muy devoto en los caminos del Señor, sin embargo, el pastor *LO PERDONÓ* y mientras cumplía su sentencia se ocupó para que no le faltara nada. ¿Crees que fue fácil para el pastor perdonarlo? Se trataba de su hija.

A nuestro Señor Jesucristo lo exprimieron y lo sometieron al más cruel sufrimiento siendo inocente y de Él sólo salió **PERDÓN** y por su sangre, Amor y Misericordia.

¿QUÉ SALE DE TI CUANDO LA VIDA TE APRIETA? ANALIZÉMONOS.

DIOS ES PERFECTO y obra por caminos desconocidos. La naturaleza humana no está capacitada para comprender sus designios. Cuando escucho a algunas personas opinar sobre alguien que recién se "convirtió" a X religión, me doy cuenta de que aún dentro de algunas iglesias existe ignorancia sobre lo que verdaderamente es la conversión. **ESTO SIGNIFICA UN PROCESO ENTRE MENTE Y ESPÍRITU, DONDE LAS RELIGIONES SON SÓLO BASTONES.**

Durante veintisiete años realicé una búsqueda entre diferentes denominaciones eclesiásticas para poder encontrar *MI VERDAD.*

Un lugar donde no se manejaran mis emociones llevando mensajes a gritos para sellar sus criterios, ni donde fuera un desfile de modas con dirigentes con apariencias ostentosas; un lugar en el que hubiera una *VERDADERA SEPARACIÓN DE LO TERRENAL Y LO ESPIRITUAL.*

MI VERDAD

*D*IOS ES UN MISTERIO PERFECTO CON EL CUAL PUEDO TENER COMUNICACIÓN A TRAVÉZ DE MI ESPÍRITU. NADIE PUEDE COMPRENDER LA VIDA ESPIRITUAL DESDE EL PUNTO DE VISTA DE UNA MENTE TERRENAL; PODEMOS LLEVAR UN ESTILO DE VIDA ESPIRITUAL SIN CONVERTIR LAS CREENCIAS EN FANATISMO. EL FANATISMO NO ESTÁ EN ORDEN CON LAS ORDENANZAS DE DIOS.

Luego de haber consultado con Dios sin ninguna intervención eclesiástica que manejara mis emociones, ni presión o temor alguno de que mi alma se quemaría en el infierno, encontré **MI VERDAD** en La Iglesia de Jesucristo de los Santos de los Últimos Días mediante revelación divina en sueño.

Entre las necesidades humanas más básicas están el sentirse segura, amada y ser parte de algo. Satisfacer estas necesidades echa los cimientos para la autoestima y el crecimiento personal.

Como nuestra hospitalidad es enteramente personal y confidencial entre Dios y el ser humano, debo mantener mis secretos espirituales.

PODEMOS ESCOGER LO QUE DESEAMOS SER

- UN BONSAI (árbol japonés enano).

- GENERAL SHERMAN (árbol de 270 pies de altura y 72 pies de circunferencia. Los matemáticos calculan que se pueden construir 32 viviendas de 5 dormitorios con uno de estos árboles.

EN DETERMINADO MOMENTO, CUANDO ESTOS ÁRBOLES ERAN SEMILLAS, AMBOS PESABAN 1/350 ONZAS.

Pero cuando **EL BONSAI** está creciendo se le cortan las raíces para paralizar o estancar su crecimiento.

Mientras tanto, EL GENERAL SHERMAN está recibiendo todos los nutrientes, la lluvia y el sol hasta convertirse en el gigante que todos conocemos.

¡TODOS PODEMOS SER UN GENERAL SHERMAN!

CUANDO UNO CAMBIA SU AUTOESTIMA, UNO CAMBIA SU EJECUCIÓN, CAMBIA SU CONDUCTA.

www.ingramcontent.com/pod-product-compliance
Lightning Source LLC
LaVergne TN
LVHW011739060526
838200LV00051B/3251